Mit freundlichen Grüßen

... der Gedichtband speziell für
Gästebuch-Einträge im Internet!

1. Auflage: Februar 2015

Herstellung und Verlag:
BoD – Books on Demand, Norderstedt

ISBN: 978-3-7347-6398-4

Inhaltsverzeichnis

Seite 1	Informationen über das Buch
Seite 2	Inhaltsverzeichnis
Seite 4	Vorwort
Seite 5	Das Jahr beginnt
Seite 9	Wintergedanken
Seite 12	Zum Valentinstag

Seite 13	Der Karneval macht laut Krawall
Seite 21	Weltfrauentag am 8. März
Seite 23	Frühlingsgedanken
Seite 30	Es foppt der April
Seite 32	Die Osterzeit
Seite 37	Der Mai ist gekommen
Seite 38	Der Juni bringt den Sommer uns
Seite 51	Der Spätsommer zieht ein
Seite 52	Der Herbst kommt mit tollen Farben
Seite 61	Halloween
Seite 63	Martinstag und Lichterzeit
Seite 64	St. Nikolaus
Seite 66	Adventszeit
Seite 72	Gedanken zur Weihnachtszeit
Seite 92	Es geht Richtung Jahreswende
Seite 99	Monats- Vierzeiler
Seite 103	Wochentag-Vierzeiler Teil 1
Seite 105	Wochentag-Vierzeiler Teil 2
Seite 107	Wochenend-Grüße

Seite 110	Morgengrüße
Seite 113	Abendgrüße
Seite 115	Verschiedenes
Seite 115	Freitag, der 13.
Seite 116	Mittwochsimpressionen
	Wochenstart
Seite 117	Brummschädel (The Day After)
Seite 118	Wetterchaos
Seite 119	Urlaubszeit
Seite 120	Seelenbaumeltage
Seite 121	Naturgewalten
Seite 122	Kindertag
Seite 123	Influenza
Seite 124	Ferien
Seite 125	Campers Fluch
Seite 126	Balkonia
Seite 127	Aprilwetter
Seite 128	Badewanne
	Schau nach vorn
Seite 129	Nachwort
Seite 130	Impressum

Vorwort

Liebe Leserinnen.
liebe Leser,

kennen Sie das? Sie möchten Ihren geschätzten Internet-Bekannten ein paar nette Zeilen in ihren Gästebüchern hinterlassen, aber es fehlen einfach die richtigen Worte!? Dieses Buch soll Ihnen ein wenig dabei helfen, Ihren „Lieblingen" ab und zu ein Lächeln ins Gesicht zu zaubern. 168 Gedichte und Sinnsprüche, die den Wandel eines Kalenderjahres beschreiben, stehen Ihnen nun mit diesem Buch zur Verfügung.

Viel Spaß beim Lesen wünscht Ihnen der Autor Norbert van Tiggelen

Jahreswechsel

Ich wünsche Dir fürs neue Jahr
Zuversicht, das ist doch klar.
Keine Nachbarn, die Dich plagen,
Glück und Mut an allen Tagen.

Harmonie nicht zu vergessen,
keine Sorgen, die Dich stressen.
Frieden, Weitsicht und auch Geld,
dass Dein Glaube recht behält.

Stärke auch in schlechten Zeiten,
Freunde, die Dich stets begleiten.
Liebe ist das A und O
die Gesundheit sowieso.

Tausend Gründe, um zu lachen,
Einsicht, um auch aufzuwachen.
Wärme und Geborgenheit,
Diskussionen ohne Streit.

Schaffenslust und Übersicht,
dass Dein Wille niemals bricht.
Lebenslust statt Frustration -
so, ich glaub, das war es schon.

© Norbert van Tiggelen

Herzenswunsch

Ich wünsche mir fürs neue Jahr
Licht und Liebe, ist doch klar.
Aber auch ganz andre Sachen
sollen mich bald glücklich machen.

Frieden auf der ganzen Welt,
Eintracht, die auf ewig hält,
Kinderseelen, die sich freuen
und ihr Leben nicht bereuen.

Keinen neuen Super-GAU,
Träume, die sind bunt statt grau.
Alte Menschen, die zufrieden
noch an neuen Plänen schmieden.

Keine üblen Diktatoren,
für die Schwachen offne Ohren.
Harmonie als Elixier -
all die Dinge wünsch' ich mir.

© Norbert van Tiggelen

Leute, holt die Waffen raus!

Geschenke sind schon längst vergessen,
statt hübsch diniert wird wild gefressen,
der Weihnachtsbaum ist abgeschmückt,
die Herzen sind nicht mehr entzückt.

Die Böller knallen fort das Jahr,
was wieder mal beschissen war,
man stößt mit Sekt und Jauchzen an,
am nächsten Tag ruft Baldrian.

Der Alltag ist zurückgekommen,
im Sog der Lügen wird geschwommen,
mit der Liebe ist es aus:
Leute, holt die Waffen raus!

© Norbert van Tiggelen

Ein neues Jahr!

Es beginnt ein neues Jahr,
das alte ist verschieden.
Ich wünsch Dir, dass es gut wird,
mit Wohlergeh'n und Frieden.
Gehe auch in dieser Zeit
Deinen Weg ganz ohne Scheu,
bleib ehrlich und bescheiden
und Gott vor allem treu.

© Norbert van Tiggelen

Winter-Depression

Leichenblass sind viele Mienen,
Schneeballschlacht mit Hundekot;
blasse Farben, lange Nächte
Blitzeis – menno! - Fahrverbot.

Streusalz ruiniert den Teppich,
Hausflur wird zur Schlinderbahn;
Ohrläppchen sind steif gefroren,
Schneemann grinst dich blöde an.

Ständig aufgeweichte Schuhe,
kalter Wind, der Atem brennt;
Straßenseite kurz zu wechseln,
bloß nicht ohne Testament!

Türschlösser sind zugefroren,
Spinnennetz im Brillenglas;
Stromverbrauch bringt uns zum Grübeln -
Winter, du machst keinen Spaß!

© Norbert van Tiggelen

Heizkosteneinsparung

Heißer Tee und Kuscheldecke,
Zipfelmütze, Wärmeflasche,
joggen durch die kalte Wohnung,
Hände meistens in der Tasche.

Pullis werden zwei getragen,
man zieht dicke Socken an.
Was macht man doch nur für Sachen,
dass man Kosten sparen kann?

© Norbert van Tiggelen

Dschungelcamp

Wenn der Anus eines Straußes
wird zum wahren Schreckmenü
und mit einem Sperma-Cocktail
hat so mancher seine Müh -

Suhlt sich jemand in der Gülle
oder auch in faulem Fleisch,
hört man aus dem tiefen Dickicht
hin und wieder laut Gekreisch -

Wird für ein paar Plastiksterne
unter Wasser Aas geschluckt
und ein Shake aus Mist und Käfern
möglichst bloß nicht ausgespuckt -

Kämpft man fest vereint mit Menschen,
die man eher als Feinde sieht,
nur damit beim "Dinner" niemand
vor 'nem leeren Blechtopf kniet -

Sieht man Kakerlaken krabbeln
und Frisuren voller Spliss,
sitzt man vor der Flimmerkiste -
dann läuft's "Dschungelcamp" gewiss!

© Norbert van Tiggelen

Nur für DICH

Hör mal zu, mein lieber Schatz,
ich möchte Dir was sagen:
Bleib genau so, wie Du bist -
ich konnt' mich nie beklagen.

"Ich liebe Dich, mein Edelstein",
das sag ich nicht nur heut;
hab - glaub es mir - in all der Zeit
noch keinen Tag bereut!

© Norbert van Tiggelen

Zum Valentinstag

Anstatt Blumen, die verwelken,
Naschereien oder Schmuck,
pausenlosen Liebesschwüren,
geb ich dir 'nen sanften Ruck: Du, mein Schatz,
bist für mich alles, ganz bestimmt mein größtes
Los; will mit dir noch viele Jahre lieben, lachen
– atemlos!

© Norbert van Tiggelen

Talfahrt

Ihr lieben Narren,
ich wünsch' euch viel Spaß!
Haut auf die Pauke
und gebt richtig Gas!

Schunkelt wie Teufel
und trinkt euch ein Bier!
Macht kräftig Party,
bis morgens um vier!

Ein Gruß in die Ferne,
„Alaaf und Helau"!
Doch fahrt nicht betrunken,
sonst geht's in den Bau!

© Norbert van Tiggelen

Altweiberfastnacht
(Wir armen, armen Männer)

Heute ist 'ne Menge anders
als an 'nem normalen Tag;
denn die "Weiber" um uns, glaubt mir,
werden heut zur großen Plag.

Sie sind närrisch und brüskierend
sowie unberechenbar;
um uns einen auszuwischen,
kommen sie in großer Schar.

Uns zu foltern und zu triezen
das liegt heut ganz hoch im Trend.
Wenn sie dich allein erwischen -
mach schon mal dein Testament!

Würden wir am Boden liegen,
selbst das interessiert sie nicht;
liebe Herren, einen Rat nur:
Meidet heut das Tageslicht!

© Norbert van Tiggelen

Fünfte Jahreszeit

Menschen miteinander schunkeln,
keine Spur von bösem Munkeln.
Partystimmung in den Gassen,
unser Motto: „Hoch die Tassen".

Gute Laune wird befohlen,
keine Zeit, um Luft zu holen,
heitre Narren sprechen Bände,
lassen wackeln manche Wände.

Überall nur buntes Treiben,
Muffel sich die Augen reiben.
Gute Stimmung weit und breit -
danke, „Fünfte Jahreszeit"!

© Norbert van Tiggelen

Faschingszeit

Als König mimt der eine
den Herrscher der Nation -
zu Hause nörgelt seine Frau
bei jeder Reaktion.

Der Pirat mit dunklem Blick
will jeden Mast erklimmen -
in Wirklichkeit kann er nicht mal
ohne Armreif schwimmen.

Die Hexe zetert leise,
ihr Bauch ist kugelrund -
in ihrem Job, da pflegt sie
Todkranke kerngesund.

Der Knastologe, tätowiert,
rasiert sich mit dem Messer -
im Job als Volksschullehrer,
da weiß er alles besser.

Die Böse wird zum Engel,
der Schwache kriegt die Macht -
kaum zu glauben, was bei uns
der Fasching möglich macht!

© Norbert van Tiggelen

Karneval

Wenn Polizisten sich betrinken,
Elfen arg nach Weinbrand stinken,
Engel laut und ruppig fluchen,
schöne Prinzen Hexen suchen -

Wenn Omas hübsch und knackig sind,
der Sträfling ist ein Waisenkind,
der Arzt nicht den Patient vermisst,
die Fee ein wahres Luder ist -

Wenn das Pferd im Hausflur steht,
der Geist am Tag spazieren geht,
der Cowboy mit dem Fahrrad fährt,
der Richter sich von Bier ernährt -

Wenn der Bettler ist ein Reicher,
und der Scheich ein armer Schleicher,
Nonnen machen laut Krawall -
dann ist wieder Karneval!

© Norbert van Tiggelen

Straßenkarneval

Wenn Cowboys mit Indianern trinken
und Athleten schwächlich hinken,
Reiche mit den Armen schunkeln,
Grafen mit dem Fußvolk munkeln -

Wenn Models um die Wette essen,
Ritter sich mit Knappen messen,
Prinzen alte Damen suchen,
Mönche lauthals schmutzig fluchen -

Wenn Ärzte mit Patienten saufen,
Engel sich mit Feen raufen,
Könige mit Bauern feiern,
Gauner über Henker geiern -

Wenn man achtet den Halunken,
Kapitäne sind betrunken,
lautstark pfeift auf die Moral -
dann ist Straßenkarneval!

© Norbert van Tiggelen

Karneval-Krawall

Wenn der Schutzmann wird gestellt,
sich das Schwein zum Koch gesellt
und die Nonne macht Krawall -
dann ist wieder Karneval!

© Norbert van Tiggelen

Rosenmontag

Wenn geschunkelt wird wie selten,
keine Partyregeln gelten,
auch die Leber hat kein' Schontag -
dann ist meistens Rosenmontag!

© Norbert van Tiggelen

Karneval vorbei

Wenn du Blicke auf dich ziehst,
nur weil du dir einen gießt,
man dir bös nimmt dein Geschrei -
dann ist Karneval vorbei!

© Norbert van Tiggelen

Aschermittwoch

Schluss mit lustig, hoch die Tassen
selbst der Kater kann's nicht fassen.
Dort, wo gestern wurd' geschunkelt,
da wird jetzt nur leis' gemunkelt.

Backus ist jetzt schon verbrannt,
Narrentum - es wurd' verbannt.
Fastenzeit ist angesagt,
mancher Jeck, der sich beklagt.

Karneval ist nun Geschichte,
Glanz und Liebreiz sind zunichte.
Ende ist's mit Saus und Braus
Aschermittwoch, Schluss und Aus.

© Norbert van Tiggelen

Weltfrauentag

Heute werden sie bejubelt,
unsre Frauen überall.
Sie sind meistens, sind wir ehrlich,
unser bestes Pferd im Stall.

Sie bemühen sich tagtäglich,
standhaft und auch unbeirrt;
sind als Mutter, Frau und Freundin
oftmals auch ein Seelenhirt.

Unentwegt sind sie für uns da,
konsequent und ohne Klag'.
Darum, Männer ehrt sie nicht nur
heute am Weltfrauentag!

© Norbert van Tiggelen

Männer an die MACHT!

Männer, MACHT mal etwas Feines
und verwöhnt die liebe Frau.
Sie ist doch das beste Herzstück,
und das wissen wir genau.

MACHT das Frühstück mit viel Liebe
oder schreibt ihr ein Gedicht.
Führt sie aus zu einem Essen,
nett bei Wein und Kerzenlicht.

MACHT doch einfach mal die Wohnung,
bringt sie gnadenlos auf Glanz.
MACHT ihr einen heißen Antrag
bei Musik und sanftem Tanz.

Doch gebt Acht, seid nicht zu herzlich,
sie gewöhnt sich noch daran,
MACHT es nur am Achten Dritten,
sonst wirst du zum Hampelmann! ☺

© Norbert van Tiggelen

Frühjahrsputz

Wenn der Vati nimmt Reißaus
weil ihn nervt der Krach im Haus,
Hund und Katz zum Nachbarn fliehen,
und die Kids zum Onkel ziehen -

Wenn die Böden arg vibrieren,
Dampfmaschinen explodieren
und der Wellensittich zittert,
weil er ein Desaster wittert -

Wenn Opi denkt, die Russen kommen,
ihm wird die Lebenslust genommen,
der Schrubber Ehrenrunden dreht,
man vor Lärm kein Wort versteht -

Wenn die Sicherungen glühen,
fleißig Hände arg sich mühen,
das Heim, es wird befreit vom Schmutz -
dann macht Mutti Frühjahrsputz!

© Norbert van Tiggelen

Mitteleuropäische Sommerzeit

Lästig wie 'ne Scheißhausfliege
oder eine Meckerziege
nervt sie schon seit vielen Jahren
riesengroße Menschenscharen.

Bringt uns ständig aus dem Trott,
nervt wohl auch den lieben Gott.
Sie ist störend wie 'ne Prellung:
diese blöde Zeitumstellung.

© Norbert van Tiggelen

Ende eines Winters
(Schneemannstod)

Wenn des Schneemanns Möhrennase
auf dem Rasen liegt und schrumpft
und die Kraft von Tante Klara
die des Winters übertrumpft -

Wenn die Kohlenknöpfe glänzen
in der Sonne hellem Strahl
und sein Rumpf beginnt zu schmelzen,
so, als sei es eine Qual -

Wenn der Besen, den er festhält,
langsam sich zu Boden neigt
und die Tageswärme an ihm
erste große Löcher zeigt -

Wenn sein Kopf, der einst so kühl war,
still und leise bricht entzwei -
dann, ihr Lieben, lasst euch sagen,
sagt der Winter leis': Goodbye!

© Norbert van Tiggelen

Frühlingsduft

Sonnenstrahlen hauchen lieblich
Frost und Reif von Ästen fort.
Menschen sehnen sich nach Wärme,
und der Lenz hält brav sein Wort.

Blütenknospen sprießen langsam
durch der Bäume spröde Haut.
Einst verstummte blasse Morgen
werden durch Gezwitscher laut.

Farbenglanz erobert Herzen,
Tageslicht gewinnt an Macht;
Schluss mit Dunkelheit und Stille,
Lebenslust in uns erwacht.

Glücksgefühle in uns Menschen -
fort sind Frust und raue Kluft.
Freude in den meisten Seelen,
sei gegrüßt, du Frühlingsduft!

© Norbert van Tiggelen

Frühlingsfarben

Der Winterschlaf geht nun zu Ende,
durch Sonnenstrahlen sanft geweckt;
langsam sich der Schneemann neiget,
der Lenz sich uns entgegen reckt.

Das Tageslicht lebt merklich länger.
Die Helligkeit gewinnt an Macht.
Erste Blüten die sich zeigen,
schenken bunte Farbenpracht.

Die einst so weiß erstarrten Wiesen
sind nun grün und flauschig weich.
Endlich ist er da, der Frühling -
macht uns auch vor Freude reich.

© Norbert van Tiggelen

Frühlingsküsschen

Wenn der Lenz die Erde streichelt
und sie küsst mit zartem Hauch,
wippen nicht nur Schmetterlinge -
nein, wir Menschen freu'n uns auch!

© Norbert van Tiggelen

Frühlingsküsschen

Wenn der Lenz die Erde streichelt
und sie küsst mit zartem Hauch,
wippen nicht nur Schmetterlinge -
nein, die Bäume freu'n sich auch!

© Norbert van Tiggelen

Grillzeit

Wenn die ersten Sonnenstrahlen
zu uns dringen grell und warm,
denk ich nur noch an das Eine:
„Endlich wieder Grillalarm!"

Hähnchenflügel, Bratwurst, Kotelett,
Putenschnitzel, Bauchfleisch, Steak -
alles findet ohne Zweifel
zu mir hin den richt'gen Weg.

Und dazu ein kaltes Bierchen,
das so richtig schäumt und zischt.
Heißa, was ist das ein Leben,
besser geht es wirklich nicht!

Stell ich mich dann nach dem Sommer
auf die Waage, wird mir schlecht.
Denn ich weiß, ich muss trainieren
bis zum nächsten Grill-Gefecht.

© Norbert van Tiggelen

April, April

Schon seit vielen, vielen Jahren
wird an diesem Tag geneckt.
Keiner ist vor Schwindeln sicher,
wichtig ist, dass man erschreckt.

Ehemann verkohlt die Gattin,
dass er eine andre hat.
Geht mit ihr sofort zum Anwalt,
denn er hat sie lang schon satt.

Bruderherz verarscht die Schwester,
dass er ist in sie verliebt.
Sie sei seine wahre Traumfrau
und es keine andre gibt.

Opa macht der Oma bange,
dass er's nicht mehr lange macht.
Testament wird schnell geschrieben,
schleunigst noch in dieser Nacht.

Wenn man dich an diesem Tag foppt,
sei nicht bös und schmunzle still.
Denn ein alter Brauch erlaubt es,
dass es heißt: „April, April!"

© Norbert van Tiggelen

Menschen foppen
sich mit Freuden,
und wenn's geht,
auch möglichst schrill.
Äußerst gerne
tun sie's lang schon
ganz zum Anfang
vom April.

© Norbert van Tiggelen

Ausnahmezustand

Wenn die Mutti mit den Sprossen
unbeirrt und sehr entschlossen
hin zum Eiermanne geht
und nach seinen Eiern fleht,
wenn den Vati das nicht stört,
er sogar aufs Weibe schwört
und genüsslich trinkt sein Bier -
dann ist Ostern, glaubt es mir!

Wenn die ersten Knospen sprießen
und der Lenz hascht dein Gespür,
Glücksgefühle dich erreichen,
dann steht Ostern vor der Tür.

Bunte Eier

Meister Lampe ist kein Weichei,
so schnell setzt du ihn nicht matt:
Weil er sogar ohne Schmerzen
tierisch bunte Eier hat.

© Norbert van Tiggelen

Facebook-Osterhas'

Ich bin ein Facebook-Osterhas' -
dieser Job, der macht mir Spaß.
Auch wenn er grad stressig ist,
denn manch User mich vermisst.
Muss mich darum jetzt bewegen -
um manch Gruß ins Nest zu legen.

„Frohe Ostern"

© Norbert van Tiggelen

Oster-Gedanken

Die Fastenzeit ist nun vorbei,
man bemalt das Osterei.
Buntes Treiben auf den Wiesen,
Menschen froh den Lenz genießen.

Frühlingsfest steht uns bevor,
es öffnet sich manch Herzenstor.
Menschen senden sich Signale,
warum diese Rituale?

Vor vielen, vielen hundert Jahren
wir zum Heiland übel waren,
folgten dunklen Hetzereien,
Lügen und auch Heucheleien.

Wir nahmen ihm brutal das Leben,
trotzdem hat er uns vergeben;
bat am Kreuz für uns um Gnade,
war sich dafür nicht zu schade.

Viele Jahre sind verflossen,
Herzen haben sich verschlossen;
Rachsucht keine Seltenheit,
zum vergeben kaum bereit.

© Norbert van Tiggelen

Osterhas'

Der Osterhas' ist oft verwirrt,
weil er durch viele Gärten irrt.
Ständig sucht er nach Verstecken,
hinter Büschen, unter Hecken.
Drum ist es so, dass er es liebt,
wenn zum Feste Schnee noch liegt.
Er muss nicht lang nach Winkeln suchen
und erspart sich so das Fluchen.

© Norbert van Tiggelen

Hörst du's aus den Büschen knistern,
siehst du Spuren auch im Grase,
mach dir keine großen Sorgen -
es ist wohl der Osterhase!

© Norbert van Tiggelen

Ostern

Wenn Vati seine Pinsel sucht,
die Mutti laut beim Ei(n)kauf flucht,
der Eiermann macht Überstunden,
denn er hat zu viele Kunden -

Wenn's im Hausflur lecker duftet,
fleißig man im Garten schuftet,
Eier in den Sträuchern liegen,
Pollen in die Nase fliegen -

Wenn Kinderhände farbig sind,
die Zeit der Farbenpracht beginnt,
das Fasten endlich ist vorbei,
verführt wird von manch Leckerei -

Wenn dich wärmt des Feuers Glut,
die Katze nichts dem Küken tut,
man Hasen sieht, auf großen Postern -
freut euch, Leute: Dann ist Ostern!

© Norbert van Tiggelen

Wenn die Knospen
munter sprießen,
Kneipen erst
frühmorgens schließen,
du genießt
manch' Keilerei -
tanzt du sicher
in den Mai!

© Norbert van Tiggelen

Sommer

Weißt du, wie er oft ausschaut?
Nach Sonne und nach Spaß,
nach knusprig brauner Menschenhaut
und saftig grünem Gras.

Nach farbenfroher Blütenpracht
und Vögeln, die laut singen;
nach Sonnenschein, der freudig lacht,
und bunten Schmetterlingen.

© Norbert van Tiggelen

Sommer, Sonne, Sand und Meer

Sommer, Sonne, Sand und Meer -
sag, was will man denn noch mehr?
Burgen bau'n im warmen Sand,
Küstenausflug Hand in Hand.

Sonnenuntergang genießen,
Sommersprossen niedlich sprießen.
Einen kalten Cocktail naschen,
manchen heißen Kuss erhaschen.

Den Gesang der Möwen hören,
sich um Sorgen gar nicht stören.
Wellen sanft am Körper spüren,
deinen Schatz am Strand verführen.

Sanfte Brise, die dich streichelt,
Wasserstaub, der zart umschmeichelt.
Hey, ich liebe euch so sehr -
Sommer, Sonne, Sand und Meer!

© Norbert van Tiggelen

Sommertraum

„Sommer" ist ein Zauberwort,
es lässt mich sofort schweben.
Ich schließe meine Augen sanft -
Gedanken mich umgeben.

Ich denk sofort an Erdbeereis
mit einem Häubchen Sahne;
an Touren mit dem Motorrad
in einer Karawane.

Ich riech den Duft von frischem Heu
und eingecremter Haut,
den einer frischen Bratwurst,
was mir die Sinne klaut.

Ich spür den Wind, der mich erfrischt,
so wie ein zarter Hauch,
und eine kalte Dusche
mit dem Gartenschlauch.

Ich sehe Menschen, gut gelaunt,
die Fahrradtouren drehen.
Du wunderschöner Sommertraum
darfst nie zu Ende gehen!

© Norbert van Tiggelen

Strandkorb-Impressionen

Hörst du ihn, den Schrei der Möwen,
der die Brandung sanft berührt?
Der die Freiheit dich lässt spüren
und der Wellen Rauschen kürt.

Spürst du ihn, den Sand des Strandes,
der vom Meer wird angespült?
Der, in dem die Muscheln schlafen
und dir nachts die Zehe kühlt.

Fühlst du ihn, den Hauch des Windes,
der die Wellen sanft bewegt?
Der die Haut ganz zärtlich streichelt
und dein Haar auf Händen trägt.

Siehst du ihn, den Schein des Mondes,
der die Nächte kontrolliert?
Der die Routen hell erleuchtet
und mit seinem Glanz regiert.

© Norbert van Tiggelen

EIS

Eis ist eine wahre Wonne,
könnt ich essen jeden Tag.
Diese feine Gaumenfreude
ich in vielen Sorten mag.

Erdbeer, Kirsche und Zitrone,
Schokolade, Mango, Nuss -
obendrauf ein Berg mit Sahne
ist ein wirklich wahres Muss.

Waldfrucht, Minze, Kiwi, Apfel,
Cappuccino, Ananas...
Sommerzeit, ich find dich herrlich,
bringst uns soviel Schlemmerspaß!

© Norbert van Tiggelen

Eisspaß-Nostalgie

Brauner Bär und Ed von Schleck
zog ich mir sehr gerne weg;
Mini Milk und Domino
machten mich des Öftren froh.

Auch beim Capri und dem Happen
konnte man mich oft ertappen;
Dolomiti, Grünofant
hätte ich auch blind erkannt.

Cola Pop und Alpha Star -
ein Gedanke: Wunderbar;
Berry, Buntstift, Plattfuß, Split
war'n für mich sehr oft ein Hit.

Magnum, Zwilling nicht vergessen,
wurden von mir gern gegessen;
Disco, Kokos, Joker, Jolli zog ich vor 'nem
süßen Lolli.

Nogger, Twister, Miami,
das war Eisspaß-Nostalgie;
und dann noch Cornetto Nuss -
sabber – jetzt ist wirklich Schluss!

© Norbert van Tiggelen

43

Sommerzeit

Gute Laune schon am Morgen,
Helligkeit erfüllt den Raum,
Vögel zwitschern um die Wette,
langes Schlafen nur ein Traum.

Auf den Straßen buntes Treiben,
Spritztour mit dem Cabrio,
Frauenbeine lang wie Säulen,
Sommerhits im Radio.

An den Stränden braune Körper,
Hand in Hand dem Meer entlang,
Küssen bis die Sonne aufgeht,
Schwimmen Richtung Untergang.

Nachts erleuchten kalte Sterne,
weite Sicht trotz Dunkelheit,
Gänsehaut erquickt die Sinne,
traumhaft schöne Sommerzeit!

© Norbert van Tiggelen

Tauchurlaub

Bald werd' ich mir etwas gönnen,
wovon ich schon lange schwärm':
einen Urlaub mit viel Wasser -
ohne Stress und ohne Lärm.

Unterwasserwelt erkunden
mit 'nem Schnorchel und viel Luft;
Boxershorts und Taucherbrille
reichen mir als Badekluft.

Teuer wird es auch nicht werden,
hab' mich da schon schlau gemacht.
Brauche keine teuren Tickets
oder gar Touristentracht.

Hier direkt in meiner Nähe
ist ein Baggerloch - wie toll!
Das ist nach dem vielen Regen
sicher schon seit Tagen voll.

© Norbert van Tiggelen

Sch(a)wül

Schweißgeruch nervt deine Nase,
jedes Kleidungsstück, es klebt.
Luft kann man in Scheiben schneiden
und der Körper unruhig bebt.

Hände glitschig, Füße schwitzen,
keine T-Shirts mehr im Schrank.
Jeder Handschlag eine Folter -
träumst vom Haus im Tiefkühlschrank.

Selbst die Fliegen machen Pause
aalen sich im Schatten kühl.
Man freut sich schon auf den Winter -
Mann, verdammt! Was ist das sch(a)wül!

© Norbert van Tiggelen

Affenhitze

Klatschenass sind die Klamotten,
Schweiß tropft rinnend mir vom Kinn;
Wadenwickel, Kaltgetränke
haben leider nicht viel Sinn.

Klebrig ist der ganze Körper,
Schweißverlust, selbst wenn ich sitze;
fühl mich wie 'ne Badewanne -
gottverdammte Affenhitze!

© Norbert van Tiggelen

Sonnencreme schützt dich meistens
vor sehr arg verbrannter Haut.
Hast du sie einmal vergessen,
der Schmerz dir manche Nachtruh klaut.

© Norbert van Tiggelen

Sommer-Depression

Wenn der Wetterfrosch im Glase
kriegt 'ne depressive Phase,
und die Hallenbäder platzen,
selbst die Eisverkäufer ratzen -

Wenn man den Ostfriesennerz
täglich trägt ganz ohne Schmerz,
braucht zum Nachbarn einen Kutter
und man Jacken liebt mit Futter -

Wenn man Cabrios verkauft,
sich für trockne Kleidung rauft,
Keller ruckzuck überfluten
binnen weniger Minuten -

Wenn die Blumenknospen hängen,
Menschen sich in Mäntel zwängen,
weiße Haut man trägt am Strande -
dann ist Sommer hierzulande!

© Norbert van Tiggelen

Sommerloch

Herrgott, lass es Sommer werden!
Dieses Wetter macht mich krank.
Anstatt herrlich leichter Kleidung
hol' ich Pullis aus dem Schrank.

Niederschläge ohne Ende
nerven selbst den kleinsten Knilch.
Dunkle Wolken, große Pfützen,
Regenschirm statt Sonnenmilch.

Für den Ausflug mit den Liebsten
braucht man fast ein Gummiboot.
Schlechte Laune ist die Regel,
graue Kluft statt Abendrot.

Darum bitte ich dich herzlich:
Schick' den Sommer uns zurück!
Denn für viele Menschenseelen
wäre es das größte Glück.

© Norbert van Tiggelen

49

Sonnenbrand

Körperwärme mehr als kritisch,
grob geschätzt, knapp 80 Grad.
Jetzt könnt' ich mich wieder ärgern
über dieses Sonnenbad.

Meine Haut gleicht einem Schnitzel -
nicht so lecker, dafür gar.
Möcht' am liebsten stehend schlafen,
mir schmerzt selbst das kleinste Haar.

Jucken, brennen, beißen, kneifen
bringen mich um den Verstand.
Mach dich weg aus meinem Leben,
du verfluchter Sonnenbrand!

© Norbert van Tiggelen

Abschied eines Sommers

Erste Blätter fallen nieder,
Tageslicht verliert an Macht,
Sonnenblumen werden müde,
es verwelkt die Blütenpracht.

Spinnen weben ihre Netze
in den Hecken, totenstill.
Motten flattern um Laternen,
Mücken schickt man ins Exil.

Dunkelheit wird überlegen,
Klara schleicht sich leise fort.
So, als kündigt sie die Freundschaft,
eiskalt ohne Abschiedswort.

Erntezeit ist nun gekommen,
Drachen steigen vogelfrei.
Duft des Heues ist wie Balsam,
Sommerzeit sagt leis Goodbye.

© Norbert van Tiggelen

Wenn die Schatten
länger werden
und das Kornfeld
wird gemäht,
Drachen Purzelbäume
schlagen,
ist der Sommer
schon sehr spät.

Wenn die ersten Blätter fallen,
Vogelstimmen sanft verhallen.
Die Pracht der Blüten ist vorbei -
dann sagt der Sommer leis' Goodbye.

Wenn Drachen bunt
gen Himmel steigen,
Sträucher erste
Lücken zeigen,
Blätter leis' zu
Boden schweben -
dann schleicht
der Herbst
in unser Leben.

Spinnen

Spinnen haben lange Beine
- an der Zahl sind's meistens acht -,
halten still in ihren Netzen
nach den leckren Fliegen Wacht.

Spinnen weben fleißig Netze
mit Geduld den ganzen Tag.
Manch Insekt sich dort verheddert
bis zum letzten Flügelschlag.

Spinnen gelten oft als eklig,
manche Frau vor Angst laut schreit.
Ruft sie dann den Göttergatten,
ist vergessen mancher Streit.

© Norbert van Tiggelen

Herbstlich Willkommen

Morgentau lässt Wiesen glänzen,
Laub erobert den Asphalt,
Stürme grüßen regelmäßig,
Nächte werden langsam kalt.

Sonne quält sich durch die Wolken,
roter Glanz auf wildem Wein,
Blätter rieseln von den Bäumen,
Schlenderei im Mondenschein.

Büsche werden immer lichter,
Äste auf dem Bürgersteig,
Kürbisköpfe schmücken Fenster,
gelbes Blatt ziert manchen Zweig

Festes Schuhwerk wird die Regel,
früh am Abend Dunkelheit,
Bauern ihre Felder räumen,
Endspurt einer Sommerzeit.

© Norbert van Tiggelen

Herbstmagie

Wenn der Wind zum Sturm sich bäumt,
Bauers Feld ist brav geräumt,
Drachen hoch am Himmel stehen,
Raben schaurig lautstark krähen -

Wenn der Kürbis leuchtend lacht,
Brennholz sanft im Ofen kracht,
Raureif auf den Wiesen glänzt,
Klara ihre Arbeit schwänzt -

Wenn die Nächte länger werden,
eilig sausen Wolkenherden,
Laub fällt von den Bäumen nieder -
singt manch Hexlein Freudenlieder.

© Norbert van Tiggelen

Herbstzauber

Die Farbenpracht des Sommers schwindet,
der Tag verliert schon früh sein Licht.
Die Spinnen werden Herr der Äste,
der Herbst nicht mehr sein Schweigen bricht.

Der Atemzug des Sommerwindes
pfeift ganz leis' sein Abschiedslied.
Nebelbänke früh am Morgen,
die Vögel zieh'n in Reih und Glied.

Des Baumes Kleidung, sie wird lichter,
der Sturm ernennt sich selbst zum Richter.
Das Laub, es kreist im Wirbeltanz,
der Herbst, er schenkt uns seinen Glanz.

© Norbert van Tiggelen

Hexenwache

Hexen wachen mit dem Besen,
hoch am Himmel - sehr belesen.
Macht ein Flegel nachts Getöse,
wird sie durchaus bitterböse.
Dann spricht sie zur Straf' 'nen Zauber,
dass der Rüpel wird ein Tauber.

Herbstfarben

Die Farben des Herbstes,
sie sind eine Pracht;
mit ihm hat der Herrgott
was Feines gemacht.
Er schminkte ihn ocker,
purpur und gold,
einfach bezaubernd –
so hat er's gewollt.
Garniert mit Orange,
Gelb und auch Braun,
so ist er bezaubernd
fein anzuschau'n.

Mitteleuropäische Winterzeit

Lästig wie 'ne Scheißhausfliege
oder eine Meckerziege
nervt sie schon seit vielen Jahren
riesengroße Menschenscharen.

Bringt uns ständig aus dem Trott,
nervt wohl auch den lieben Gott.
Sie ist störend wie 'ne Prellung:
diese blöde Zeitumstellung.

© Norbert van Tiggelen

Behaglichkeit

Wenn es draußen stürmt und windet,
bin ich liebend gern zuhaus.
Dort ist's kuschlig und gemütlich,
drum spannt auch die Seele aus.

Dann koch ich mir einen Kaffee
oder einen leckren Tee,
Strecke mich auf meinem Sofa -
schlechte Laune ist passé.

© Norbert van Tiggelen

Der Laubsauger-Mann

Ich kenne einen Menschen,
der nervt mich wirklich sehr;
würd' ihn am liebsten jagen
mit meinem Luftgewehr.

Der Typ hat eine Macke,
und jetzt im Herbst extrem.
Er hockt fast nur am Fenster
und macht sich's dort bequem.

Sieht er jedoch ein Blättlein
auf seinem Gehweg liegen,
dann kriegt er einen Horror,
dass sich die Balken biegen.

Er rennt dann in den Keller
und holt den Sauger raus,
macht Krach wie ein Tornado -
mir wird das bald zum Graus.

Geht das noch etwas weiter,
werd' ich mit ihm ganz harsch.
Dann schieb ich ihm das Teilchen
ganz tief in seinen ....

© Norbert van Tiggelen

Herbstfluch

Laubsauger, die ständig dröhnen,
die das Blattwerk von uns fönen;
Regen peitscht mir ins Gesicht,
dicke Kleidung wird zur Pflicht.

Rutschpartien auf feuchtem Laub,
Minusgrade – Hände taub;
Stürme sind der Haarpracht Fluch -
sinnlos der Friseurbesuch.

Äste in den Fahrradspeichen,
Fische lustlos in den Teichen;
Schmerzen in so manchem Glied,
Wind heult jede Nacht sein Lied.

Nebel lässt mich nicht weit sehen,
schon am Morgen nerven Krähen;
ab und zu nur Sonnenschein -
Herbst, du kannst so grausam sein!

© Norbert van Tiggelen

Halloween

Wenn Fledermäuse unruhig flattern,
Sargdeckel gespenstisch knattern,
Geister über'n Friedhof schleichen,
auferstehen blasse Leichen -

Wenn feuchtes Laub dämonisch knirscht,
der Totengräber lautlos pirscht,
Hexen mit dem Besen fliegen,
Vampire ihre Nahrung kriegen -

Wenn Menschenfressers Mägen knurren,
schwarze Katzen leise schnurren,
Wölfe heulen in der Nacht,
der Tod aus seinem Schlaf erwacht -

Wenn Skelette klapprig schreiten,
Kobolde auf Knochen reiten,
der Satan laut nach Gnade schreit -
dann ist Halloween nicht weit!

© Norbert van Tiggelen

Wenn Omis Körper
mächtig zittert,
Opi gar nichts
Gutes wittert,
dem Vati Muttis
Strapse steh'n,
dann ist wieder
Halloween!

© Norbert van Tiggelen

Martinstag

Wenn Laternenlichter strahlen,
Schweife in den Himmel malen,
durch Gassen hallt des Hufes Schlag -
dann ist wieder Martinstag.

© Norbert van Tiggelen

Lichterzeit

Nun beginnt die Zeit der Lichter,
das Weihnachtsfest ist nicht mehr weit.
Ich wünsche Dir, ihr zu begegnen,
in Liebe und mit Herzlichkeit.

Schon bald ist das Jahr zu Ende,
welches nicht sehr einfach war.
Das neue soll Dir Frieden geben
und Gesundheit, ist doch klar!

© Norbert van Tiggelen

Dem Nikolaus geht's schlecht.

Als ich ein kleiner Junge war,
vor ziemlich langer Zeit,
da machte sich der Nikolaus
in unsren Herzen breit.

Er rief bedrohlich „Hohoho",
wir Kinder wurden blass.
Nach einem braven Liedchen,
da schenkte er uns was.

Das ist jetzt viele Jahre her,
die Zeit hat sich gedreht,
der zarte Wind der Menschlichkeit
jetzt ganz anders weht.

Statt Teddybär und Holzbausteine
wird das Gewehr geladen,
man schenkt auch keinen Fußball mehr,
denn Sport, der könnt ja schaden.

Statt sanfter Lieder, die lieb klingen,
wird Rabatz gemacht,
Techno ist jetzt angesagt,
selbst in der Weihnachtsnacht.

Statt frisch rasiert, und schniekefein,
der Döner klebt im Bart;
Geschenke, die sind Mangelware,
es wird nur noch gespart.

Jedes Jahr zu dieser Zeit
kommt Niklaus mit dem Knecht,
aber nicht mehr lange,
denn ihm wird nur noch schlecht!

© Norbert van Tiggelen

Sankt Nikolaus

Alter Mann mit weißem Bart,
unverkennbar seine Art,
„Hohoho" tönt's durch die Gassen,
Kinder, die vor Schreck erblassen.

Im Grunde ist er herzensgut,
keinem etwas Schlechtes tut,
sieht er aber üble Sprosse,
wird er böse, der Genosse.

Dann befiehlt er seinem Knecht,
sie zu strafen, ganz gerecht
und so gibt es mit der Rute
eine Tracht, der Lehr' zugute.

Ist die Buße dann vollzogen,
wird bestimmt nicht mehr gelogen.
Kindsverhalten ist ein Schmaus -
vielen Dank, Sankt Nikolaus!

Nikolaus

Der Nikolaus, er hat's nicht leicht,
so manches Heim er nicht erreicht,
muss darum durch den Schornstein klettern
oder eine Tür zerschmettern.

Adventsimpressionen

Wenn das erste Lichtlein leuchtet,
ist das Christkind noch ganz fern.
Mutti backt wie blöde Plätzchen,
Vati schaut die Sportschau gern.

Wenn das zweite Lichtlein leuchtet,
klopft der Niklaus meistens an.
Vor ihm ist ein jeder furchtsam,
sogar manch gestandner Mann.

Wenn das dritte Lichtlein leuchtet,
werden Kinder meist nervös.
Gehen Wünsche in Erfüllung?
In den Stuben herrscht Getös'.

Wenn das vierte Lichtlein leuchtet,
funkelt manche Engelsschar.
Böse Sprosse werden artig -
keines jemals böse war.

© Norbert van Tiggelen

Adventsimpressionen

Wenn das erste Lichtlein leuchtet,
ist das Christkind noch ganz fern.
Mutti backt wie blöde Plätzchen,
Vati schaut die Sportschau gern.

Wenn das zweite Lichtlein leuchtet,
klopft der Niklaus meistens an.
Vor ihm ist ein jeder furchtsam,
sogar manch gestandner Mann.

Wenn das dritte Lichtlein leuchtet,
werden Kinder meist nervös.
Gehen Wünsche in Erfüllung?
In den Stuben herrscht Getös'.

Wenn das vierte Lichtlein leuchtet,
funkelt manche Engelsschar.
Böse Sprosse werden artig -
keines jemals böse war.

Wenn das fünfte Lichtlein leuchtet,
dann ist etwas schief gelaufen.
Schau auf den Terminkalender
oder hör mal auf zu saufen!

© Norbert van Tiggelen

Adventsimpressionen
Einzelne Strophen:

Wenn das erste Lichtlein leuchtet,
ist das Christkind noch ganz fern.
Mutti backt wie blöde Plätzchen,
Vati schaut die Sportschau gern.

© Norbert van Tiggelen

Wenn das zweite Lichtlein leuchtet,
klopft der Niklaus meistens an.
Vor ihm ist ein jeder furchtsam,
sogar manch gestandner Mann.

© Norbert van Tiggelen

Wenn das dritte Lichtlein leuchtet,
werden Kinder meist nervös.
Gehen Wünsche in Erfüllung?
In den Stuben herrscht Getös'.

© Norbert van Tiggelen

Wenn das vierte Lichtlein leuchtet,
funkelt manche Engelsschar.
Böse Sprosse werden artig -
keines jemals böse war.

© Norbert van Tiggelen

Wenn das fünfte Lichtlein leuchtet,
dann ist etwas schief gelaufen.
Schau auf den Terminkalender
oder hör mal auf zu saufen!

© Norbert van Tiggelen

Adventslichter

Wenn das erste Lichtlein leuchtet,
ist das Christkind noch ganz fern.
Mutti backt wie blöde Plätzchen,
Vati schaut die Sportschau gern.

Wenn das zweite Lichtlein leuchtet,
klopft der Niklaus meistens an.
Vor ihm ist ein jeder furchtsam,
sogar manch gestandner Mann.

Wenn das dritte Lichtlein leuchtet,
werden Kinder meist nervös.
Gehen Wünsche in Erfüllung?
In den Stuben herrscht Getös'.

Wenn das vierte Lichtlein leuchtet,
funkelt manche Engelsschar.
Böse Sprosse werden artig -
keines jemals böse war.

© Norbert van Tiggelen

Adventszeit

Wir begehen deine Straße,
die uns führt zum Weihnachtsfest.
Du schenkst uns Glückseligkeiten,
bist so wie ein warmes Nest.

Spendest uns in dunklen Zeiten
Liebe, Frieden und auch Licht.
Deine Hand uns Menschen reichen,
siehst du an als deine Pflicht.

In nicht allzu weiter Ferne
sehen wir des Heilands Schein.
Viele Seelen hier auf Erden
werden froh und glücklich sein.

© Norbert van Tiggelen

Weihnachtsbäume

Weihnachtsbäume selber schlagen
unter freiem Himmelszelt,
macht zum einen Riesenlaune
und du sparst dazu noch Geld.

Wenn Du dazu etwas Glück hast,
es kommt vor, so dann und wann,
siehst Du an ihm angekettet
noch ein schönes Fahrrad dran.

© Norbert van Tiggelen

Winterimpressionen

Bäume weiß wie Puderzucker,
von den Flocken fein geschmückt,
Meisenringe dicht besiedelt,
Vogelherzen sind entzückt.

Schlittenkufen glänzen blendend
in der Sonne hellem Strahl,
Nebelbänke früh am Morgen,
frostig, Himmel blau wie Stahl.

Der zarte Hauch des Winterwindes
singt ganz zart sein kaltes Lied,
Raben hocken auf Antennen,
krächzend stumm in Reih und Glied.

© Norbert van Tiggelen

Winterzeit

Der Schneemann hält im Garten Wacht,
das Brennholz laut im Ofen kracht,
Muttis Ohren sind knallrot,
Streusalz ist der Schuhe Tod.

Das Blitz-Eis sorgt für glatte Straßen,
unaufhörlich laufen Nasen.
Schlitten sind der Kinder Spaß,
ein Meisenring der Drossel Fraß.

Der Schneeball vor die Brille fliegt,
der Vati das Gestell nachbiegt;
der Raureif ist des Baumes Kleid,
freut euch, es ist Winterzeit!

© Norbert van Tiggelen

74

An den Weihnachtsmann

Lieber, lieber Weihnachtsmann,
nun trete ich an Dich heran;
in der Hoffnung, Du hörst zu -
denn mich drückt so mancher Schuh.

Sag doch mal den Menschenseelen,
dass sie sich zu häufig quälen;
durch Gerede, Gier und Neid
keimt so mancher üble Streit.

Mit ein wenig Herz und Güte
manche Seele wieder blühte;
doch es wird zu oft gelogen,
blind gehasst und auch betrogen.

Großmut wird oft ausgenutzt,
Ehrlichkeit mit Spott beschmutzt;
das, was zählt auf dieser Welt,
ist - wie traurig! - Ruhm und Geld.

Heiligabend - Fest der Liebe?
Doch sehr oft stockt das Getriebe;
denn ob Menschen Freude haben,
das entscheiden meist die Gaben.

Doch ich habe auch erfasst,
dass Du viel zu leisten hast;
darum zünde ich ein Licht,
schenk den Menschen dies' Gedicht.

Anruf gen Himmel

Gerade jetzt zur Weihnachtszeit,
da denke ich an Seelen,
die einst von mir gegangen sind
und mir ganz mächtig fehlen.

Meist werd' ich dabei traurig,
das Herz ist kalt und leer.
Ein Anruf in den Himmel,
den wünsch ich mir dann sehr.

Würd' ich die Stimmen hören,
tät' manche Träne fließen;
jedoch das Fest der Liebe
könnt' freudig ich genießen.

© Norbert van Tiggelen

Bescherungs-Wahn

Früher gab's den Kaufmannsladen
oder eine Eisenbahn,
eine schnieke Puppenstube
oder einen Lastenkran.

Legos waren auch der Renner,
ebenso wie Playmobil,
Matchboxautos, Fischertechnik
oder auch ein Puzzlespiel.

Bücher, Puppen, Teddybären
lagen unterm Christbaum oft,
und es waren meistens Dinge,
die wir hatten uns erhofft.

Mittlerweile sind es Handys,
Spielkonsolen, ein PC.
Seh' ich, wie heut Kinder spielen,
tun mir echt die Augen weh!

© Norbert van Tiggelen

Chaotische Weihnachten

Wenn der Hund vor Heiterkeit
unterm Christbaum macht sich breit,
um ihn artig zu markieren
und mit seinem Duft zu zieren -

Wenn die Kids die Eltern nerven
und mit Spekulatius werfen,
dass die Oma ist empört,
doch die Mutti es nicht stört -

Wenn die Lichterketten schmoren,
Hardrocksound betäubt die Ohren,
Kinder sind vor Jähzorn blind,
weil die Gaben uncool sind -

Wenn trotz Schein von Baum und Kerzen
einem arg die Augen schmerzen,
man vor Rauch nichts mehr erkennt,
weil's im Nachbarhaus schon brennt -

Wenn der Vati hat ein' sitzen,
aus dem Ofen Funken blitzen,
verbrannt ist auch der Festtagsschmaus -
dann wird's Weihnachtsfest zum Graus.

© Norbert van Tiggelen

Es ist Weihnachtszeit

Die Tage kurz, wie lang nicht mehr,
man spürt genau, es kommt der Herr,
der Raureif ist des Baumes Kleid,
Herzlichkeit statt Hass und Neid.

Zimt und Rum hängen in der Luft,
es macht sich breit der Nadelduft,
Kerzenschein erhellt den Raum,
süßer Klang am Weihnachtsbaum.

Menschlichkeit in kalten Gassen,
Lichterglanz in großen Massen.
Nachbarn reichen sich die Hände,
Zoff und Hader sind zu Ende.

Kinderaugen groß und klar
seh'n Geschenke wunderbar,
sie strahlen vor Glückseligkeit,
man spürt es, es ist Weihnachtszeit.

© Norbert van Tiggelen

Frohe Weihnacht, liebe Leser!

Wie jedes Jahr zu dieser Zeit
macht sich der Nadelduft sanft breit,
Weihnachten steht vor der Tür,
die Herzlichkeit ich förmlich spür.

Die Mama schimpft ganz ungeheuer,
Grundnahrungsmittel sind zu teuer,
deswegen fällt der Braten aus,
auch wenn er wär ein Augenschmaus.

Die Kinder schreien laut nach Gaben,
wollen eine „Playsi" haben,
oder jeder 'nen PC,
der Haushaltskasse tut's so weh.

Der Papa, der macht Überstunden,
stopft damit des Staates Wunden.
Wann wird es wieder aufwärts gehen,
ist demnächst kein Land zu sehen?

Sein Bierchen ist schon lang tabu,
die Mama sperrt den Geldhahn zu,
selbst Hose wird mit Loch getragen,
den Urlaub musste er absagen.

Das alles kann mich gar nicht stören.
mit Lastern wollt ich eh aufhören;
wir heben hoch die Fruchtsaft-Gläser:
Frohe Weihnacht, liebe Leser!

Frohe Weihnachten

F estlich duften warme Stuben,
R aureif hüllt die Bäume ein.
O bst und Kekse zieren Teller,
H armonie bei Kerzenschein.
E inigkeit und Wohlbehagen
w ird gepflegt in dieser Zeit.
E ngel schweben still und leise
i n des Tannenbaumes Kleid.
H eiligabend leis' gekommen,
N eugier ist der Augen Tracht.
A us den Herzen sprudelt Güte,
C hristus ist in uns erwacht.
H immelslieder zur Bescherung,
T ränen zeigen häufig Freud.
E inst Passiertes ist vergessen,
N achtstund' uns mit Schnee bestreut.

© Norbert van Tiggelen

Gesunde Wünsche

Ich wünsche mir zum Weihnachtsfeste
keine Flut von teuren Gaben;
kann mich auch an kleinen Dingen
amüsieren und erlaben.

Wichtig ist am Heiligabend,
dass ich Zeit mit Menschen teile,
die ich liebe, schätze, ehre -
und das ohne Hast und Eile.

Was mir dann noch richtig gut tut
und mich rundum glücklich macht:
Wenn ein jeder dieser Lieben
vor Gesundheit strotzt und lacht.

© Norbert van Tiggelen

Ich wünsche euch zum Weihnachtsfest ...

...dass es fröhlich ist,
dass ihr rundum glücklich seid
und Freunde nicht vergesst.
Ich wünsche euch 'ne Wohnung,
die warm und kuschelig ist,
und einen vollen Kühlschrank,
denn der wird oft vermisst.
Ich wünsche euch Gesundheit,
denn sie bedeutet Leben,
und natürlich Frieden,
und Häuser, die nicht beben.
Ich wünsche euch das täglich Brot,
das Menschen oft nicht haben,
drum wurden sie vorm Weihnachtsfest
ganz still und leis begraben.

© Norbert van Tiggelen

Kerzenlicht

Hassos Schwanz hat sich entzündet
an dem doofen Kerzenlicht;
wie ein Blitz schießt er durchs Hause,
was er umrennt, stört ihn nicht.

Außer sich vor Todesängsten
rammt er Opa aus dem Stuhl;
der fliegt direkt durch das Fenster,
knallt aufs Eis im Swimmingpool.

Dass der Greis daran krepierte,
ist wohl eine logisch' Kund;
Omi kriegt jetzt Witwenrente
und hält Kerzen fern vom Hund.

Schattenseiten

Endlich ist das Fest der Liebe
uns ganz nah, wie wundervoll!
Herzlichkeit erfüllt die Menschen,
in den Stuben duftet's toll.

Die Geschenke sind bezogen,
liegen unterm Weihnachtsbaum.
Man freut sich auf die Bescherung,
es ist alles wie ein Traum.

Denkt nur immer dran, ihr Lieben,
möcht' euch nehmen nicht den Mut:
Doch es gibt auch viele Menschen,
denen geht es nicht so gut.

Krieg und Armut sind ihr Unheil,
täglich man nach Nahrung fleht;
daran sollten wir erkennen,
dass es uns doch prächtig geht.

© Norbert van Tiggelen

Tiere verschenken!?

Tiere zu verschenken,
und das zum Weihnachtsfest,
ist oft ein richt'ges Wagnis -
gibt man dem Tier ein Nest?

Die ersten zwei, drei Wochen
ist 's Tier die größte Freud.
Doch kurze Zeit dann später
wird's oft nicht mehr betreut.

Auf einmal ist es lästig
und wirkt wie eine Last.
Dann schiebt man's ab ins Tierheim,
es fühlt sich - klar - gehasst.

Drum rate ich euch eines:
Schenkt Tiere mit Bedacht!
Sie haben zarte Seelen,
sind keine kalte Fracht.

© Norbert van Tiggelen

Weihnachtsgans

Lag die Gans zu lang im Ofen,
muss man eine neue „kofen";
denn von all den großen Hitzen
musste sie ganz mächtig schwitzen.
Nun ist sie zu Muttis Leide
nicht mehr eine Augenweide;
darum würden, sei nicht platt,
nur noch wenig Leute satt.

© Norbert van Tiggelen

Weihnachtslieder

Wenn das Trommelfell tut weh,
du verkrampfst von Kopf bis Zeh
und dir schmerzen alle Glieder,
dann singt Opi Weihnachtslieder.

©Norbert van Tiggelen

Weihnachtsloch

Opa hat 'ne kleine Rente,
Oma, sie ist schlecht betucht.
Muttis Haushaltsgeld reicht grad so,
Vati schon seit langem flucht.

Weihnachten sieht's immer bös aus,
gerade dann, wo man's doch braucht.
Immer wieder im Dezember
der Kamin nur ganz schlecht raucht.

Die Geschenke sind dann, klar doch,
meistens kleiner als geplant.
Noch vor Wochen sah's doch gut aus -
niemand hätte das geahnt.

Kinder schauen dann oft traurig,
Glücksgefühle liegen fern.
Schlimm ist, wenn sie dann noch denken,
dass man hätte sie nicht gern.

© Norbert van Tiggelen

Weihnachts-Telegramme:

Zum Weihnachtsfeste wünsch ich Dir
tolle Dinge - und gleich vier:
Keine dicken Hämorrhoiden
Glück, Gesundheit und auch Frieden.

© Norbert van Tiggelen

Zum Weihnachtsfeste wünsch ich Dir
tolle Dinge - und gleich vier:
Vor dem Hause 'nen Boliden,
Glück, Gesundheit und auch Frieden.

© Norbert van Tiggelen

Zum Weihnachtsfeste wünsch ich Dir
tolle Dinge - und gleich vier:
Einen Freund, 'nen grundsoliden,
Glück, Gesundheit und auch Frieden.

© Norbert van Tiggelen

WEIHNACHTSZEIT

W ärme strahlt aus vielen Herzen,
E inigkeit statt Frust und Schmerzen,
I n den Seelen Wohlbehagen,
H aderer, die sich vertragen.
N achts erleuchten Rentier-Schlitten,
A uch der Arme steht inmitten,
C hristkind ist schon bald zu Gast,
H errlichkeit macht bei uns Rast.
T annenduft in warmen Räumen,
S prosse, die von Gaben träumen,
Z art gesungene Weihnachtslieder,
E in Schwall von Gunst fällt auf uns nieder.
I nnigkeit, sie macht sich breit,
T raumhaft schöne Weihnachtszeit.

© Norbert van Tiggelen

90

Stimmungskanone

Opas Laune ist seit Tagen
für den Clan ein Wohlbehagen;
er sieht kaum noch etwas eng,
das ist so seit dem Geschenk.
Er summt nur noch frohe Lieder,
unaufhörlich, immer wieder;
sein Verhalten, das macht Sinn,
denn es lag Viagra drin.

© Norbert van Tiggelen

Jahresende
(Die Danke–Version)

Nun geht es mit großen Schritten
auf das Jahresende zu.
Was ich euch jetzt sagen möchte,
das geschieht gewiss im Nu:

Danken möcht' ich all den Seelen,
die mir hielten treu die Hand,
die mich auch mal kritisierten,
dass ich wieder zu mir fand.

Denen ich mein Leid erzählte,
die mir schenkten oft ein Ohr.
Ich versuch', es zu versprechen:
Nächstes Jahr kommt's seltner vor!

Ohne diese tollen Menschen
- das ist für mich sonnenklar -
wär' mein Leben halb so schön nur -
freu mich schon aufs nächste Jahr!

© Norbert van Tiggelen

Jahresende
(Die LMAA-Version)

Nun geht es mit großen Schritten
auf das Jahresende zu.
Was ich euch jetzt sagen möchte,
das geschieht gewiss im Nu:

Danken möcht' ich all den Seelen,
die mich nervten Tag für Tag,
denen ich auch in der Zukunft
ordentlich die Meinung sag'.

Die, die über mich mehr wissen
als mein eignes Fleisch und Blut
und sich an Getratsch ergötzen -
doch zum Handeln fehlt der Mut.

Liebe Leute, lasst euch sagen:
„Frohes Neues" – klingt's auch harsch.
Ihr habt niemals eine Chance,
seht es ein – LMAA!

© Norbert van Tiggelen

Feuerwerk

Freudenfarben, Explosionen
schminken hell das Firmament.
Warme Lichter detonieren,
man glaubt echt, der Himmel brennt.

Glühendheiße Blitzespfeile
schießen kreischend in die Luft.
Rauchig schmeckt es auf der Zunge,
dichter wird des Himmels Kluft.

Heuler jaulen um die Wette,
rattern, knattern immerzu.
Wildes Treiben, Sternenregen -
Bombenstimmung trifft auf Ruh.

Plötzlich, als wär's Gottes Wille,
wird es um uns Totenstille.
Ein dumpfer Knall, ein kurzes Licht -
das Feuerwerk ist nun Geschicht'.

© Norbert van Tiggelen

94

Abgestürzt

Sylvester feiern,
das macht Spaß,
doch gib dabei
achtsam Gas.
Denn so mancher
Feten-Zwerg
erlebt nicht mal
das Feuerwerk.

© Norbert van Tiggelen

Wenn die Gläser
lautstark klirren,
Heuler, Richtung
Himmel schwirren
und wenn's draußen
knallt und kracht,
dann ist bestimmt
Sylvesternacht.

© Norbert van Tiggelen

Viel zu schnell vergeht ein Jahr

Der Januar, meist fad und kühl,
er bringt nur wenig Wohlgefühl.
Das Tageslicht, es hält nicht lang,
kein Vöglein singt mit schönem Klang.

Der Februar, er schlummert auch
im stillen, leisen Winterhauch.
Doch einer macht meist laut Krawall:
Es ist der liebe Karneval.

Der März lässt unsre Seelen träumen,
erste Knospen an den Bäumen.
Das Tageslicht lebt merklich länger,
es werden lauter, Gottes Sänger.

Der April - mal schön, mal schlecht -
macht es keinem wirklich recht.
Sonnenschein und Graupelschauer
bringen Freude als auch Trauer.

Der Mai ist eine wahre Wonne,
zeigt uns immer mehr die Sonne.
Angenehm die Temperaturen,
Lieblingssport sind Fahrradtouren.

Der Juni lässt den Sommer leben,
Schmetterlinge lieblich schweben.
Sonnenbad auf grünem Rasen,
Pollen kitzeln in den Nasen.

Der Juli bringt oft heiße Tage,
manchmal eine große Plage.
Des Baumes Tracht ist ausgereift,
man nach leichter Kleidung greift.

Der August, nicht minder kühl,
Luft wird stellenweise schwül.
Tageslicht verkürzt sich still,
manches Blatt zu Boden will.

Der September, je nachdem,
stürmisch und auch angenehm.
Sonnenlicht kriegt weiche Knie,
Schluss mit warmer Hierarchie.

Der Oktober bringt nicht leise
Ast und Laubwerk haufenweise.
Nächte werden langsam kalt,
Gott die Blätter rot bemalt.

Der November, bringt mit Lichtern
Glanz und Frohsinn in Gesichter.
Bäume sind jetzt schon fast kahl,
festes Schuhwerk - erste Wahl.

Im Dezember Flocken fallen,
Weihnachtslieder lieblich hallen.
Kaum zu glauben, aber wahr:
Viel zu schnell vergeht ein Jahr.

© Norbert van Tiggelen

Januar

Der Januar, meist fad und kühl,
er bringt nur wenig Wohlgefühl.
Das Tageslicht, es hält nicht lang,
kein Vöglein singt mit schönem Klang.

© Norbert van Tiggelen

Februar

Der Februar, er schlummert auch
im stillen, leisen Winterhauch.
Doch einer macht meist laut Krawall:
Es ist der liebe Karneval.

© Norbert van Tiggelen

März

Der März lässt unsre Seelen träumen,
erste Knospen an den Bäumen.
Das Tageslicht lebt merklich länger,
es werden lauter Gottes Sänger.

© Norbert van Tiggelen

April

Der April - mal schön, mal schlecht -
macht es keinem wirklich recht.
Sonnenschein und Graupelschauer
bringen Freude als auch Trauer.

Mai

Der Mai ist eine wahre Wonne,
zeigt uns immer mehr die Sonne.
Angenehm die Temperaturen,
Lieblingssport sind Fahrradtouren.

Juni

Der Juni lässt den Sommer leben,
Schmetterlinge lieblich schweben.
Sonnenbad auf grünem Rasen,
Pollen kitzeln in den Nasen.

Juli

Der Juli bringt oft heiße Tage,
manchmal eine große Plage.
Des Baumes Tracht ist ausgereift,
man nach leichter Kleidung greift.

© Norbert van Tiggelen

August

Der August, nicht minder kühl,
Luft wird stellenweise schwül.
Tageslicht verkürzt sich still,
manches Blatt zu Boden will.

© Norbert van Tiggelen

September

Der September, je nachdem,
stürmisch und auch angenehm.
Sonnenlicht kriegt weiche Knie,
Schluss mit warmer Hierarchie.

© Norbert van Tiggelen

Oktober

Der Oktober bringt nicht leise
Ast und Laubwerk haufenweise.
Nächte werden langsam kalt,
Gott die Blätter rot bemalt.

© Norbert van Tiggelen

November

Der November, bringt mit Lichtern
Glanz und Frohsinn in Gesichter.
Bäume sind jetzt schon fast kahl,
festes Schuhwerk - erste Wahl.

© Norbert van Tiggelen

Dezember

Im Dezember Flocken fallen,
Weihnachtslieder lieblich hallen.
Kaum zu glauben, aber wahr:
Viel zu schnell vergeht ein Jahr.

© Norbert van Tiggelen

Montag

Heute ist der Start der Woche,
welch ein elendiger Graus!
Müde Knochen, schwache Seele,
keine Lust auf Saus und Braus.

© Norbert van Tiggelen

Dienstag

Heute geht es mir schon besser,
denn der Motor kommt in Schwung.
Und im Gegensatz zu gestern
fühl ich mich schon wieder jung.

© Norbert van Tiggelen

Mittwoch

Heute ist der Wochenteiler,
denn von nun an geht's bergab.
Dies zu wissen, macht mich glücklich
und hält mich auch gut auf Trab.

© Norbert van Tiggelen

Donnerstag

Heute ist das Wochenende
wirklich nicht mehr allzu weit,
Kann es schon ganz deutlich sehen,
große Freude macht sich breit.

© Norbert van Tiggelen

Freitag

Heute ist geschafft die Woche,
Stress und Plagen sind vorbei.
Fühle mich wie neu geboren
und brüll raus den Freudenschrei.

Samstag

Heute mache ich ein Fass auf,
lass die Sorgen Sorgen sein.
Mit ein wenig Glück heut' Abend
klappt es mit dem Lottoschein.

Sonntag

Heute geht's mir nicht berauschend,
weil ich schon an morgen denk.
Werde mich nicht strapazieren,
seh' den Tag als ein Geschenk.

Der Montag - ja, das ist ein Tag,
an dem ich oft am Boden lag.
Die ganze Woche liegt bevor,
drum trag ich einen Trauerflor.

Der Dienstag - ja, das ist ein Tag,
an dem ich keinen Stress vertrag'.
Bis zum Weekend ist's noch lange,
drum wird mir manchmal angst und bange.

Der Mittwoch - ja, das ist ein Tag,
an dem ich mich des Öftren frag':
Soll ich mich des Bergfests freuen
oder, was noch kommt, bereuen?

Der Donnerstag - das ist ein Tag,
an dem ich erste Sprünge wag'.
Das Wochenende näher rückt,
und mir so mancher Frohsinn glückt.

Der Freitag - ja, das ist ein Tag,
an dem ich überhaupt nicht klag',
Es liegt bevor die schöne Zeit
mit Wohlgefühl und Heiterkeit.

Der Samstag - ja, das ist ein Tag,
den ich ganz besonders mag.
Heut' gebe ich so richtig Gas,
will nur den gnadenlosen Spaß.

Der Sonntag - ja, das ist ein Tag,
an dem ich mich nicht übel plag'.
Er sollte sein, um sich zu schonen,
ohne Stress und Aggressionen.

Samson-Tag

Mann, das wär doch richtig klasse,
so ein Tag Erholung mehr.
Eine Wochenendaufstockung,
das gefiel' uns wirklich sehr.

Dem so kurzen Wochenende
einen Tag hinzuzutun,
wo man werkelt oder feiert,
oder nur, um auszuruh'n.

Drum plädiere ich jetzt lautstark
für den „Samson-Tag" ganz schnell;
es entfällt dafür der Montag -
also ich find's originell!

© Norbert van Tiggelen

Wochenende

Zum Wochenausklang alles Gute,
Liebe, Kraft und Gunst im Blute,
tolles Wetter, Sonnenschein,
immer gut gelaunt zu sein.

Menschen, die dir Nettes sagen,
Seelenkleid in Wohlbehagen,
und nun wünsch ich dir behände
ein wunderschönes Wochenende!

© Norbert van Tiggelen

"Wochenende"

Sitzt der Vatta froh vorm Fernseh'n
mit 'nem kalten Fläschken Bier
und kuckt mitte Kumpels Fußball,
dann is Mutta bös wie'n Tier.

Hat er später einen sitzen,
räumt er lallend sein Quartier -
dann is sicha Wochenende,
liebe Leute, glaubtet mir!

"Glück Auf"

Wenn Vati sich ins Koma säuft,
die Mutti fort zur Freundin läuft,
die leeren Flaschen sprechen Bände,
dann ist es wieder Wochenende.

Wünsche Dir 'nen tollen Tag,
ohne Stress und ohne Klag',
mit viel Glück und Sonnenschein -
und dazu, gut drauf zu sein!

Schönen Tag

Ich wünsch Dir einen schönen Tag,
dass er Freude bringen mag,
Dich mit Gutem nur entzückt
und Dir einfach alles glückt.

Dass er ein besondrer wird,
vielleicht mit einem netten Flirt,
so, dass Du auf Wolken schwebst
und Dein Ich ganz neu erlebst.

Aufsteeehn!!!

Komm, werd' wach, du alter Faulpelz,
lass dich nicht so lange geh'n.,
Strecke deine müden Glieder -
es wird Zeit, um aufzusteh'n!

Schöner Tag

Ich wünsche Dir 'nen schönen Tag,
dass er Freude bringen mag,
Dich mit Gutem nur entzückt
und Dir einfach alles glückt.

Dass er unvergessen bleibt,
alte Sorgen schnell vertreibt,
Du heut Abend stolz kannst sagen:
Konnt' mich heute nicht beklagen.

© Norbert van Tiggelen

Wünsche Dir von ganzem Herzen,
diesen Tag sehr oft zu scherzen;
ohne Stress und ohne Sorgen -
und dasselbe dann auch morgen.

© Norbert van Tiggelen

Ein neuer Tag

Mit ganzer Kraft erwacht der Morgen,
Gott schenkt uns einen neuen Tag;
wird er mich mit Freud entzücken -
was wohl heut passieren mag?

Wird er einer wie die meisten,
die man einfach so vergisst?
Oder wird's ein ganz besonderer,
wie er im Leben selten ist?

Werd' ich neue Freunde treffen
oder gar 'nen üblen Feind?
Wird es regnen oder stürmen.
vielleicht sogar die Sonne scheint?

Egal, was heute auf mich wartet,
kenne meinen Weg zu gut;
nichts und niemand wird mich halten,
begegne ihm mit ganzem Mut.

© Norbert van Tiggelen

Gute Nacht

Es ist spät, der Tag ist alt,
Müdigkeit, sie macht nicht halt.
Werde nun ins Bettchen gehen,
kann vor Schwäche kaum noch stehen.

Schalte den Computer aus,
dann aus den Klamotten raus.
Mach es gut, gib auf Dich Acht -
wünsch Dir eine gute Nacht!

© Norbert van Tiggelen

Gute Nacht

Es ist spät, der Tag ist alt,
Müdigkeit, sie macht nicht halt.
Werde nun ins Bettchen gehen,
kann vor Schwäche kaum noch stehen.

Schalte den Computer aus,
dann aus den Klamotten raus.
Macht es gut, gebt auf Euch Acht -
wünsch Euch eine gute Nacht!

© Norbert van Tiggelen

Gute Nacht

Glieder schmerzen,
Augen brennen,
manche gute
Tat vollbracht.
Jetzt bin ich
erschöpft und müde -
wünsch Dir eine
gute Nacht!

© Norbert van Tiggelen

Freitag, der 13.

Ein Freitag mit dem Datum „13"
ist für viele nur ein Graus.
Manche sind so abergläubisch,
dass sie gehen nicht mal raus.

Viele Menschen ahnen Schlimmes,
machen sich nur selber Angst.
Oft sind sie dann so zerrüttet,
dass du plötzlich auch noch bangst.

Ein- bis dreimal jährlich also
haben viele Menschen Scheu.
Doch im Grunde ist es albern,
oft war dann das Glück auch treu.

© Norbert van Tiggelen

Mittwochsimpressionen

Er ist wie ein Bier bei Durst,
Senf auf einer Rostbratwurst,
dieser wahre Seelenheiler -
auch genannt "der Wochenteiler".

© Norbert van Tiggelen

Wochenstart

Das Wochenende ist vorbei,
ein neuer Weg steht dir bevor.
Was wird er dir diesmal bringen,
öffnet sich manch neues Tor?

Wird er steil und holprig werden,
wie man es nicht gerne hat?
Oder vielleicht bunt und farbig,
keine Spur von fahlem Matt?

Gehe nun mit großen Schritten
diesen neuen Lebenspfad!
Ich wünsch dir von ganzem Herzen
einen tollen Wochenstart!

© Norbert van Tiggelen

Brummschädel
(The Day After)

Schweißausbrüche, Übelkeit,
der Kreislauf dreht am Rad -
selbst der Kater in mir drin
'ne Menge Kopfdruck hat.

Tief bücken ist unmöglich,
es zittern mir die Glieder.
Mein Motto für die Zukunft heißt:
Ich saufe nie mehr wieder!

Doch wie ich mich so kenne,
hält dieser Schwur nicht lang.
Nach der nächsten Festlichkeit
bin ich wohl wieder krank.

Bis dahin ist es allerdings
noch wirklich lange hin.
Ich leg mich jetzt aufs Sterbebett,
weil ich am Ende bin.

© Norbert van Tiggelen

Wetterchaos

Frühling im November
und Sommer im April -
unser liebes Wetter
macht einfach, was es will.

Winter im September,
der Herbst erstürmt den Mai.
Wo soll sie denn noch enden,
die Wetter-Eselei?

In ein paar Jahren, glaubt mir,
auch wenn ihr jetzt laut lacht,
machen wir im Sommer
eine Schneeballschlacht.

©Norbert van Tiggelen

Urlaubszeit

Endlich Schluss mit den Strapazen -
eine Auszeit, die muss sein!,
Chillen, dösen, sich erholen,
und das ohne Krankenschein.

Morgens einfach liegen bleiben,
mittags geht's zum Frühstück dann.
Abends schaut man lang noch Fernsehen,
nachts man teuflisch feiern kann.

Nichts und niemand wird mich treiben,
es herrscht pure Heiterkeit.
Weder Stress noch miese Laune –
heißa, es ist Urlaubszeit!

© Norbert van Tiggelen

Seelenbaumeltage

Hin und wieder gibt es Tage,
da streng' ich mich nicht groß an.
Lasse meine Seele baumeln,
leg die Beine hoch, entspann.

Immer nur Strapazen spüren,
tut der Psyche gar nicht gut.
Darum schenke ich ihr gern mal
eine Pause, dass sie ruht.

© Norbert van Tiggelen

Naturgewalten

Regen prasselt vor die Scheiben,
Blitz und Donner wüten schwer.
Kräfte der Naturgewalten
werden unbarmherzig Herr.

Stürme schütteln große Bäume,
als sei es ein Kinderspiel,
rauschen über uns hinüber
unbeirrt zum nächsten Ziel.

Hagelkörner peitschen eiskalt
gnadenlos in dein Gesicht,
stechen, pieksen, schmerzen, beißen,
rauben grausam dir die Sicht.

Dunkle Wolken rasen zornig
wie ein Drachen, voller Hass.
Beim Empfinden dieser Mächte
werden sogar Helden blass.

© Norbert van Tiggelen

Kindertag

Zum Kindertag, ihr lieben Sprosse,
wünsch ich euch das Beste nur.
Damit mein ich kein Vermögen
oder gar den Reichtum pur.

Ich wünsch euch ganz andre Dinge,
die im Leben wichtig sind:
Werdet niemals egoistisch
oder auch vor Habgier blind!

Eltern, die euch gerne haben,
ein vertrautes, warmes Heim,
Menschen, die sich Freunde nennen -
passt sogar in diesem Reim.

Frieden, Frohsinn und Gesundheit
sind des Lebens Elixier;
kann kein Geld jemals ersetzen,
liebe Kinder - glaubt es mir!

© Norbert van Tiggelen

Influenza

Ich bringe dich zum Beben
und das die ganze Nacht;
habe schon ganz anderen
das Leben schwer gemacht.

Du wirst vor Panik zittern,
Dir wird mal heiß, mal kalt;
selbst wenn du vor Angst betest,
dann mache ich nicht halt.

Ich geb mich zu erkennen, sag es ruhig deiner
Sippe: Mit mir ist nicht zu spaßen!
Es grüßt dich - deine Grippe.

© Norbert van Tiggelen

Ferien

Endlich Ferien - welche Freude!
Schule ist vorerst Geschicht',
Lehrer, Tests und auch Klausuren
nerven jetzt für Wochen nicht.

Abends keinen Wecker stellen,
morgens aufsteh'n je nach Lust.
Mittagskleidung - der Pyjama,
fremd sind Stress und Notenfrust.

Bettgehzeit, sie wird verschoben,
Wohlgefühl macht sich nun breit;
gute Laune, frische Sinne -
heißa, es ist Ferienzeit!

© Norbert van Tiggelen

Campers Fluch

Des Campers größter Seelenfluch
sind Dauerregen und Besuch,
denn diese beiden Albernheiten
hasst er schon seit Ewigkeiten.

Müsst' er sich für was entscheiden,
zwischen diesen Dingen beiden,
wäre es - zu seinem Segen -
lieber für den Dauerregen.

© Norbert van Tiggelen

„Balkonia"

Wenn andre in den Urlaub fahren
und Strapazen sich antun,
gehe ich nur ein paar Schritte,
um mich stressfrei auszuruh'n.

Pizza gibt es um die Ecke,
meine Frau macht keiner an.
Wörterbuch ist auch nicht nötig,
hier bin ich der schönste Mann.

Muss nicht um mein Auto bangen,
dass man es mir einfach klaut,
kriege keinen auf den Deckel,
wenn die Musik ist zu laut.

Hier versteht mich jede Seele,
selbst wenn ich betrunken bin.
Brauch ich ein paar leckre Würstchen,
flitze ich zum Aldi hin.

Trinkgeld muss ich keines zahlen,
Bier hol'n ist ein Kinderspiel
Hier bin ich den ganzen Sommer -
du, mein liebstes Reiseziel!

© Norbert van Tiggelen

Aprilwetter?

Wetter, sag, was hast du nur?
Regenschauer, Sonne pur,
Sturm und Hagel, die uns quälen,
Kleidung ist sehr schlecht zu wählen.

Kannst dich nur ganz schlecht entscheiden,
wir sind gar nicht zu beneiden;
kriegen hier noch einen Koller
und das Maß wird immer voller.

Fortbewegungsmöglichkeiten,
über die muss man sich streiten.
Je nachdem wie groß die Not:
Fahrrad – Panzer – Gummiboot.

Reiß dich jetzt einmal zusammen,
oder willst du uns verdammen?
Halte mal die Füße still,
wir sind doch nicht im April!

© Norbert van Tiggelen

Wenn dein Tag war fürchterlich
und wieder einem Chaos glich,
dann mache eines und entspanne -
leg dich in die Badewanne!

Schau nach vorn

Schaue nach vorne –
niemals zurück,
nur in der Zukunft,
da liegt dein Glück!
Hattest du gestern
noch Ärger und Not,
morgen vielleicht
ist schon alles im Lot.

Gestern, das zählt nicht,
heut wird gelebt
immer nach Gunst
und Erfolg sei bestrebt!
Negativ denken,
das hemmt dich enorm:
Willst du gedeihen,
dann schaue nach vorn!

Nachwort

Lieber Leser!

Ich hoffe, Ihnen mit diesem Buch ein wenig geholfen zu haben. In nächster Zeit möchte ich einen zweiten Band herausbringen, indem es um Gratulations-Gedichte zu verschiedenen Anlässen geht.

Ob zum Geburtstag, zum Hochzeitstag, zum Namenstag, zum Jahrestag, zur Geburt, zur Taufe und viele mehr. Für jedes dieser Ereignisse ein nettes Wort. Lassen Sie sich einfach von mir überraschen.

Der Autor Norbert van Tiggelen

Impressum

Titel-Idee:
N. van Tiggelen

Cover-Foto:
N. van Tiggelen

Lektorat:
Heidi Friedrich, Lampertheim

Gedichte/Texte:
© Norbert van Tiggelen,
Wanne–Eickel (Herne 2)